In My Car

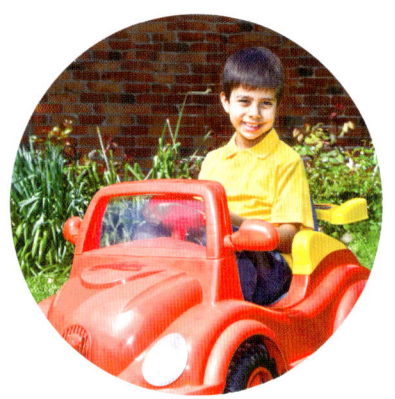

by Jay Dale

photography by Sylvia Kreinberg

I am in my car.

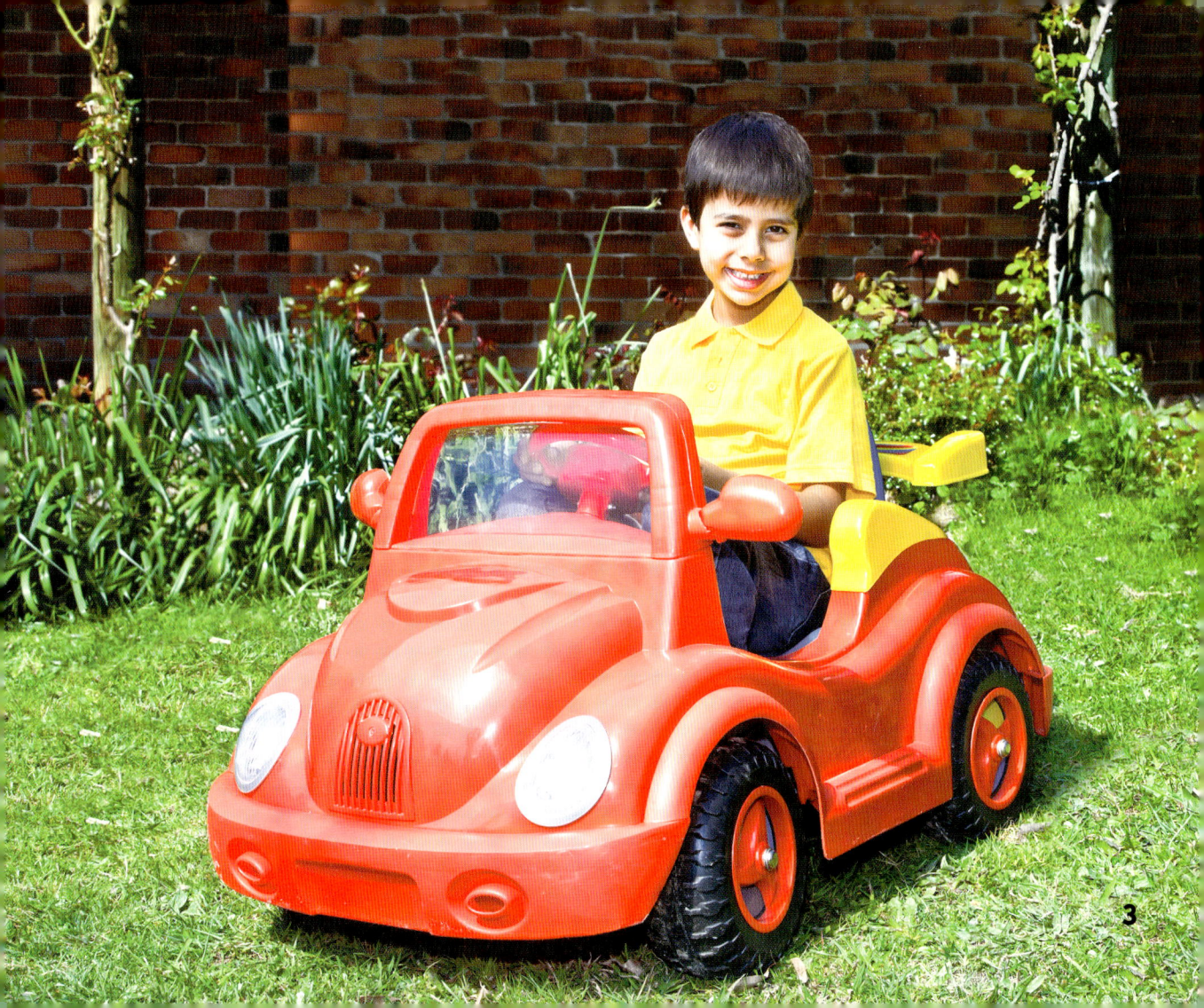

I am in my box.

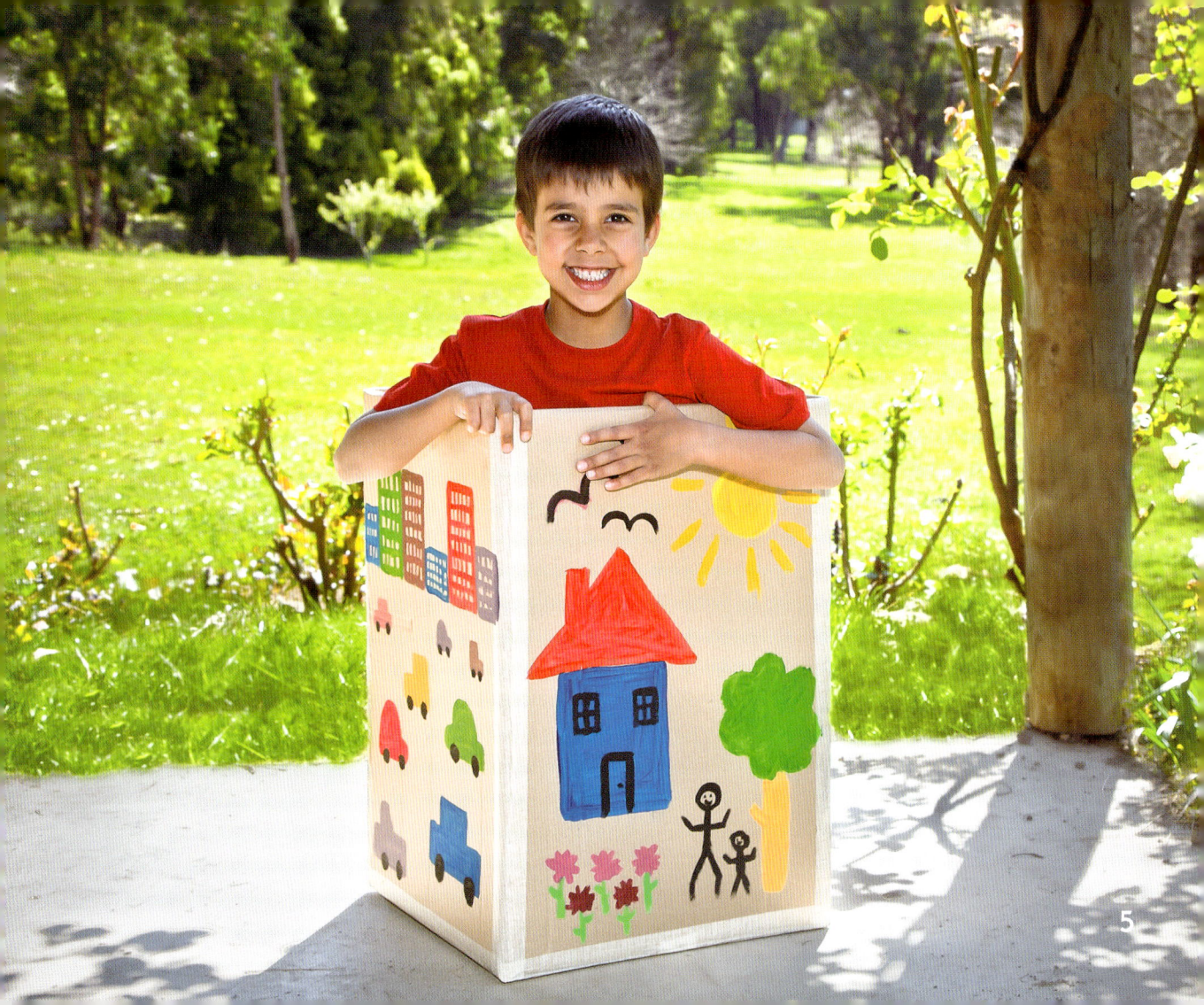

I am in my sandbox.

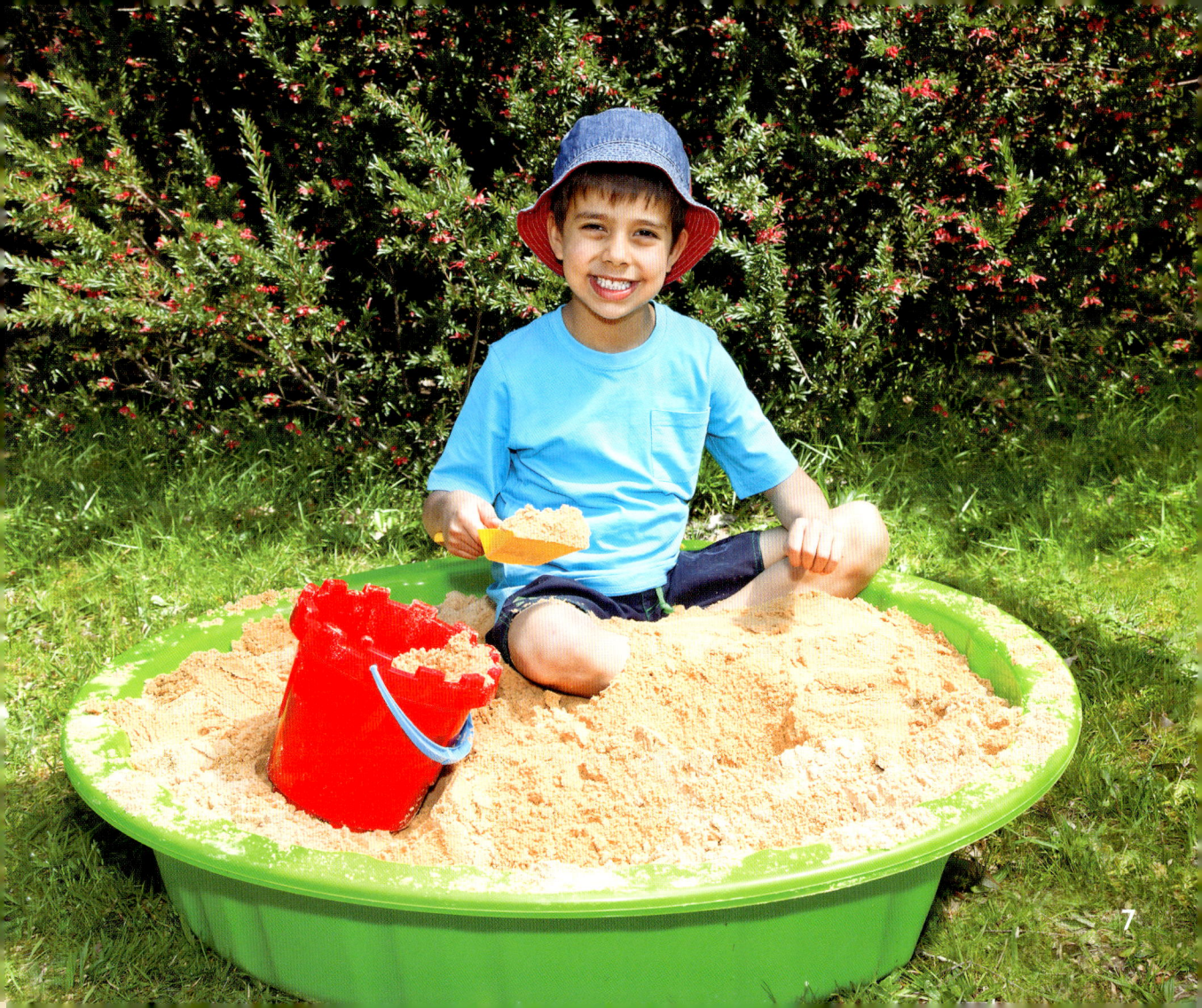

I am in my playhouse.

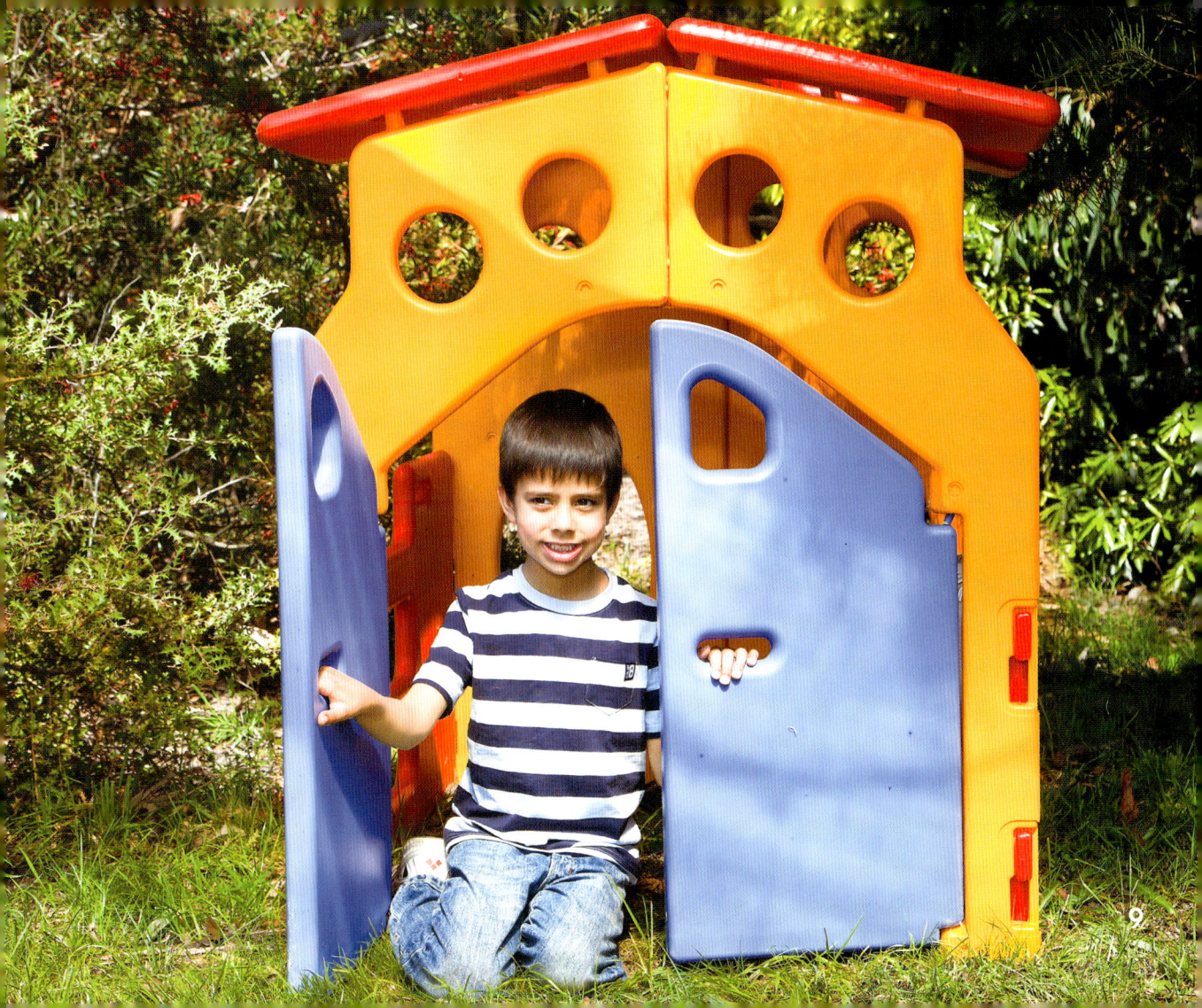

I am in my tent.

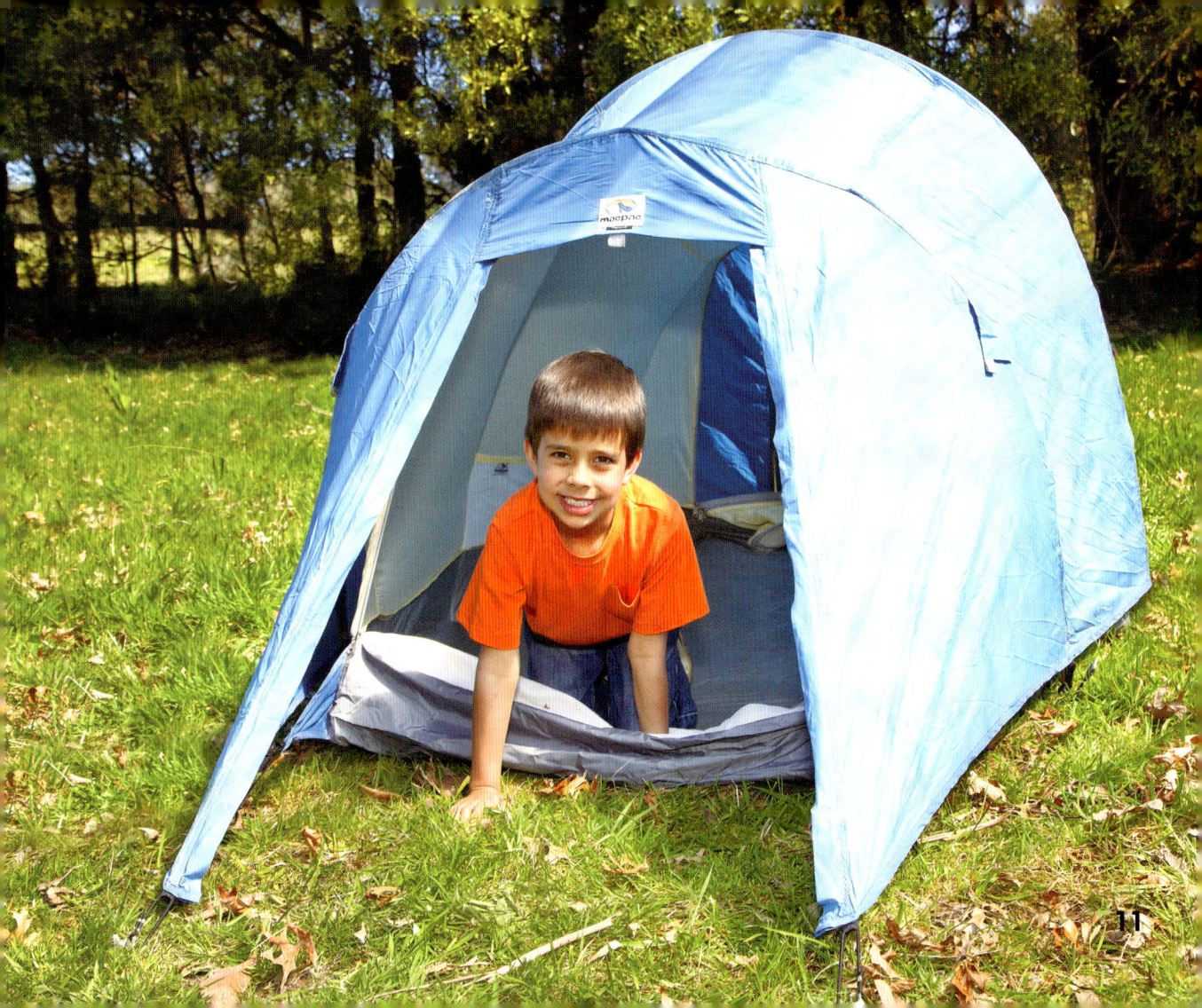

I am in my pool.

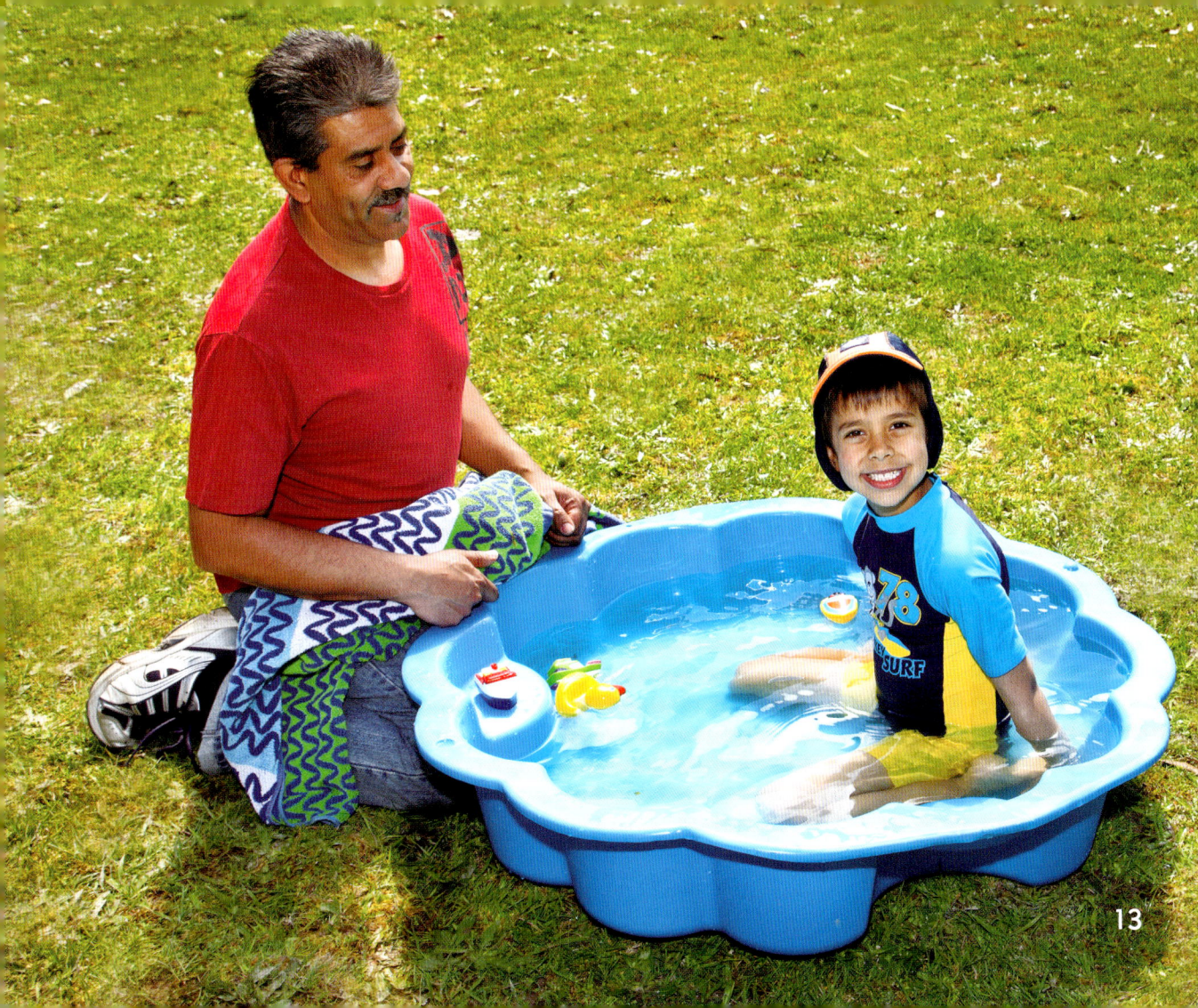

I am in my tunnel.

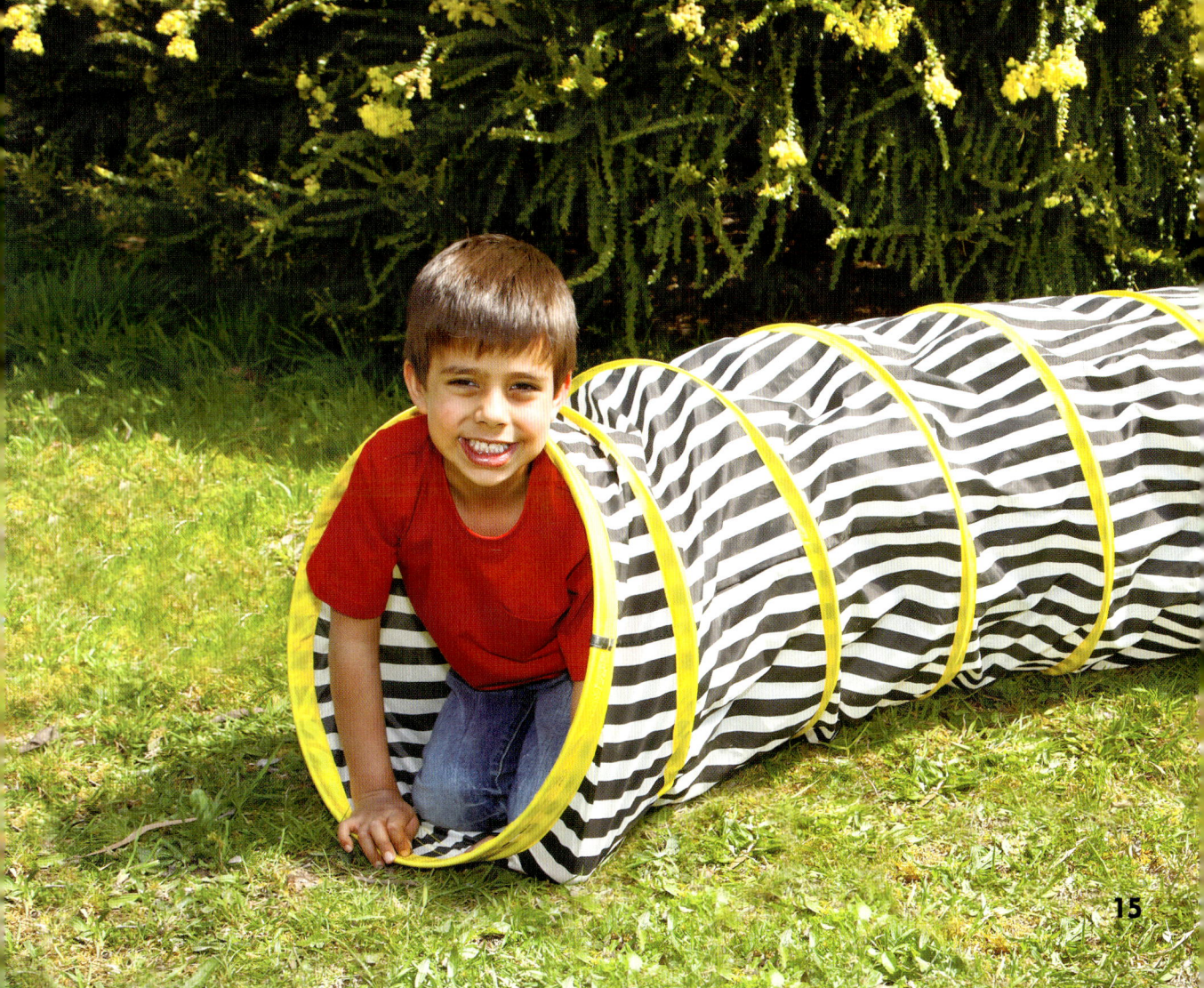

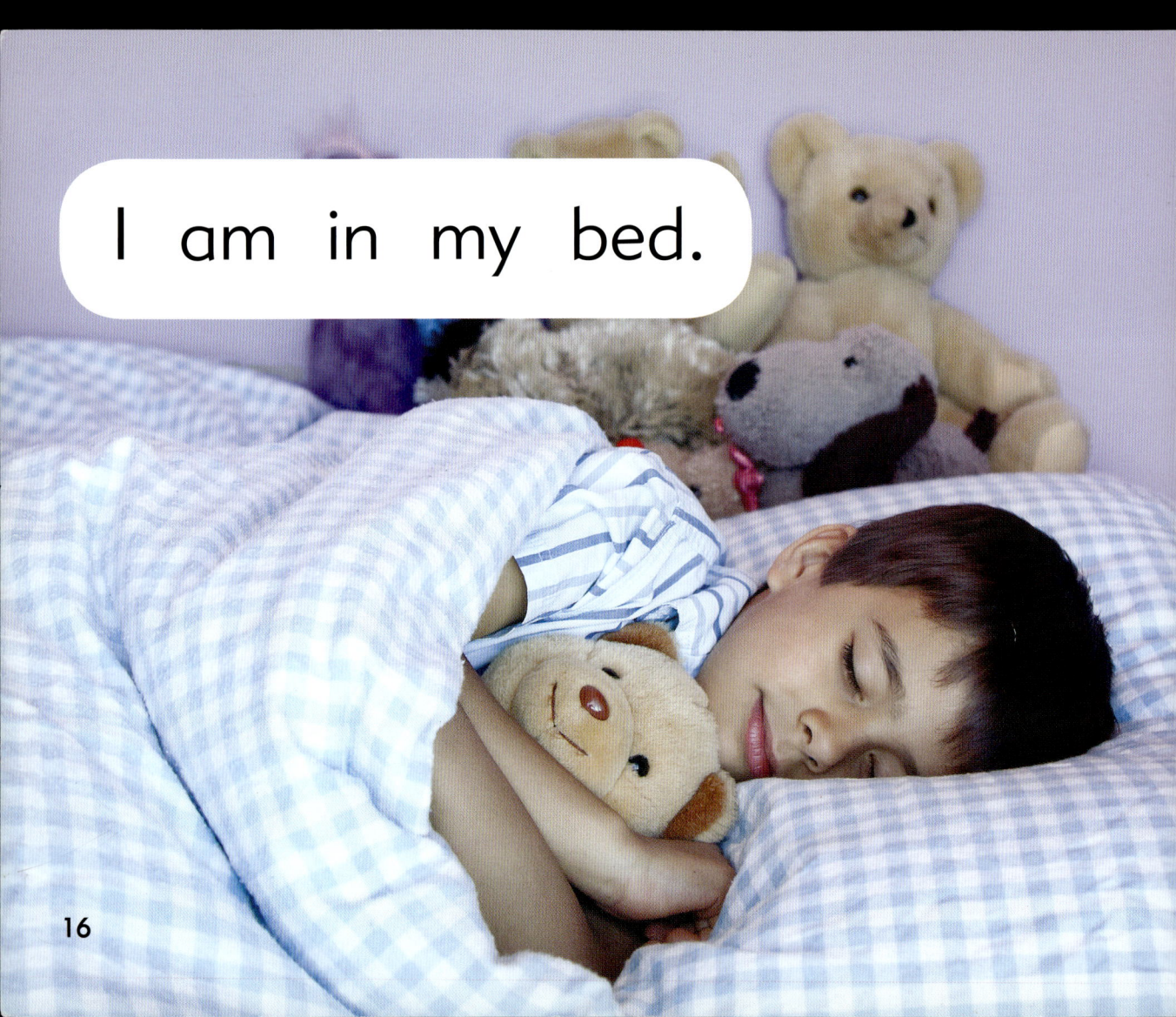
I am in my bed.